흐린 날의 춤

흐린 날의 춤

강은미 시집

한그루

自序

여름이 길어졌고

바람이 잠깐 스치더니

불현듯,

풀벌레 소리가 고요해졌다

먼 데서 사무치게 우는

얼굴 없는 이에게

2025년 11월

강은미

차례

1부　　　12　네가 필요해

네가　　 13　필사

필요해　 15　양마단지

　　　　　17　제7일

　　　　　19　슬픔 사용법

　　　　　21　십오 세

　　　　　22　흐린 날의 춤

　　　　　24　첫, 꿈

　　　　　25　신촌 옛집

　　　　　27　별이 빛나는 밤에

　　　　　29　좋은 이별

　　　　　32　무전, 부치다

　　　　　34　앗, 사루비아

　　　　　36　한못의 초여름

　　　　　37　행기소 가는 길

　　　　　38　선풍기

　　　　　39　버퍼링

| | 40 | 혼잣말 |
| | 42 | 사전에, 사정이 생겨서 쉬! |

2부   46   낙서^{落書}

한 여자   48   한 여자

49   세상의 모든 저녁

50   그릴 마스터

52   어반 스케치

53   나는 나에게

55   옷장

56   현문우답

58   봉숭아 물들이기

60   독해, 지고 싶어

63   이미 젖은 옷은 오래된 나의 일부

64   무지개 여행

67   혀끝에 피는 꽃

68   말씨

69	무화과나무
70	중년이 중력에 이끌려
72	초저녁의 안부
73	담진중취
75	불면증의 바다
76	벤치 마킹
77	OSIO카페
78	추신
79	안 되는 이유

3부

사랑의 일

82	아찔한 사랑
83	이순耳順
84	그리운 단내
85	간절기의 말 1
86	간절기의 말 2
87	간절기의 말 3
88	간절기의 말 4

	90	간절기의 말 5
	92	서어나무
	94	정오의 희망곡
	95	재찬 오빠
	97	덜커덕, 막 깨
	99	아직, 또렷한
	101	사랑의 일
	104	전야
	105	오래된 저녁
	107	산내의 슬픔
	108	지구는 둥글게 둥글게
	111	상군 바다
	112	바람이 하는 일
	114	한로 무렵

해설 116 영혼의 사랑을 깨우는 푸른 자궁
_김승립(시인)

1부

네가 필요해

네가 필요해

신문지에 싼 감자에서
싹이 나고 있다

곰보자국 굳은 상처엔
독이 자라고 있다

누군가 베어내기 전
푸른 자궁이 열려야 한다

필사

어떤 숨 하나가 엉키고 달라붙어서
기괴한 숫자를 달고 물 밖으로 나온 것이
내 생애 최초의 기록
울어도 대답 없는

종잇장 같은 숨을 한 번 접고 문지르며
얼룩진 무늬 반대편을 조용히 펼쳐 봐도
선대칭 삶의 무늬는 덧대어진 누더기

투명한 습작의 살얼음은 손댈수록
깨지고 흐려져서 옴싹달싹 할 수 없고
우연한 반사효과에 뺨 한쪽이 다 타버린

걸어온 길의 반은 찢기고 무너진 채로
되돌아갈 산허리의 반은 이미 젖어버린

쉬어도 쉰 것 같지 않은

둥근 밤의

레코드

양마단지

보연이네 담장 밑에 마농꽃이 피었다

오토바이 뒷자석에 탄 친구가 단단했다

단단이 바퀴를 달면 당당해지나 싶다가

오갈 데 없어 과수원 집 심부름 하러 온

슬이 오빠 생각에 받침이 자꾸 신경 쓰였다

남자가 이름이 예쁘다고 머리를 많이 맞았다

사람이 가늘고 길고 뾰족해서 쓸 데가 없다고

약 치고 공 치던 날에 입은 옷 그대로 나갔다

두 시간 기다려야 하는 버스가 금방 와버렸다

벗어 둔 고무신에 바퀴를 달고 싶었다

달은 가만 있어도 버스보다 빠르고, 멀리

마농꽃 노란 입술이 새파랗게 밤새 떨었다

제7일
- 영화 '토리노의 말'에 부쳐

비가 오지 않아 죽은 뱀이 물탱크 바닥에 달라붙었다

마차에 실려 간 아버지는 돌아오지 않고

정지문 한 켠에 묻어둔 씨감자에 손을 댔다

뱀 꼬리에 손을 댄 것처럼 차가웠다

돌무더기에 감자를 털고 한 홉의 빗물로,

얌전한 손놀림으로,

흐린 눈으로,

대나무 타는 소리에 서까래가 무너졌다

쥐약 먹은 개가 재를 뒤집고 불타올랐다

세계가 조용한 흐름으로 암전되고 있었다

슬픔 사용법

거늘이 왕상한 집 벽장 속에 숨는 아이

누워서 천장을 보면 굼벵이가 꿈틀거리고

앉아서 벽창호를 보면 쥐 오줌이 어른대고

친구들이 주산학원을 몰래 다닌다는데,

소풍 날 재 묻은 갈치대가리는 아니잖아?

생각에 딱지를 접어 자치기를 하고 싶어

보이는 숫자끼리 박치기를 하는 거야

미운 사람의 머리를 치는 일은 흥미진진해

함부로 들었다 놨다, 거슬리고 하찮아

하필이면 조합장 딸 미옥이네가 전화를 놨대

뒷번호가 삼팔공공 어라, 우습지 않아?

이럴 때 필요한 거야 빵야 빵야 빵야 빵야

글자를 뒤집어 봐 야빵 야빵 야빵 약방…

동그라미를 그리며 말하기를 좋아해

한 번도 해보지 못한

나,
지금 아프단 말야

십오 세

라디오만 있고
수유리가 궁금했던

성우의 목소리에
젖멍울이 붉었던

일요일은
서울에만 있는

흐린 날의 춤

잠이 안 오네 양은 냄비에 끓고 있는,

잠이 안 오면 양을 세라는 말은 왠지 불경스러워 습기 머금은 팔월, 산을 넘지 못하는 비, 부정적인 아이라 불리기를 원치 않아 차라리 부정하고 부정하고 부정하고 부정해서 긍정이 되기를 바란다고나 할까 이를테면 마술의 끝은 장미꽃이 새가 되는 거지 아니면 그 반대여도 괜찮아 이런 말을 하면 한두 명씩은 꼭 비아냥, 마녀를 쳐다보는 눈빛이지 빗방울 위에 올라탄 마녀, 빗자루 아니고 빗방울, 빗방울은 힘이 세 꽃도, 차도, 산도 다 들어 올리니까 눈에 보이는 것을 믿는 나이지만 가뭇없지 않아 눈에 보이지 않더라도 하늘에 계신 아버지, 시험 볼 때마다 혓바늘을 낫게 한 건 입 안에 든 침이니까 관자놀이를 통과하는 침을 맞아본 적 있어 병색이 짙다고 하더군 집안에 마가 낀 거래 하지 마라 하지 마라 하는 것을 누가 자꾸만 하고 있대 그게 난데 어떡하지? 장마가 걷히질 않네?

안개가 막다른 길로 인도하려고 해 이럴 땐 기운을 바꿔야 한대 환기가 필요하다는 뜻이야 조금 빠른 음악을 듣는 게 좋겠어 아버지, 술김에 할부로 들인 전축 발밑에 모셔 두었네 하지 말라는 것만 하는 나, 교회 선생님이 불경스럽다고 버린다는 LP판 내가 받아 왔어 그러니까 내가 자꾸 불경 불경 하는 거야 그거 알아? 바늘이 회전반에 올려질 때의 스릴, 치, 치직, 그으윽, 아 그윽하다 그윽해 Bee Gees Stayin' Alive 소리 질러, 아아아아 살아 있다고 아아아아 살아 숨 쉰디구, 살아났다고, 좀 더 볼륨을 높여 그리고 춤, 춤은 리듬이 중요해 찌르고 박고 찌르고 박고 이제 물결을 타는 거야 흘러갔다 밀려오고 다시, 흘러갔다 밀려오는 이런, 불경스러운

열아홉,
뿌리 없는 나무

어쩌다 핀 꽃 같은

첫, 꿈

삼일교회 풍금 소리는
서울 말씨의 바람 같은

손이 흰 사내아이의
조신한 발자국 같은

꼭 한 번 비밀의 방에 들어가고 싶었다

조금 기우뚱,
초이레 달을 닮은 말더듬이

하루에 밥상 두 번 엎는
지독한 수모에

자꾸만 목이 말라서
밤이슬에 꿈을 적셨다

신촌 옛집

서울살이 1년 만에 돌아왔더니 집이 사라졌다

어머니 혼자 등짐 지고 통물을 건넜다는

소문만 무성한 집 통시 옆 비파나무는

노란 꽃을 송이송이 달고

댓돌 위에 놓인 편지에 귀를 대고 있었다

영등막 아래 굴렁침

전화가 없어서 누군가의 글씨를 사랑하게 되었다

그리운 집을 떠나 슬픔의 집으로 걸어가는데

전봇대에 기대어 기웃기웃 저물어가는

익숙한 그림자

아버지

별이 빛나는 밤에

어떤 스침
고래를 본 적 없던 시절의

어떤 낯섦
잡기장 말고 디스크 자키

아이스크림 이름 같은
둘 혹은 셋, 다섯이 부르는

뭉뚝한 칼
아버지 머리맡에

흥건한 슬픔
알다가도 모를
C'est si bon

아직도

해독되지 않는

조각난 집의 아득한

좋은 이별

동태전을 부치다
잊었던 이름이 튀어 올라
이마에 팔등에 심지어 콧등마저
온 집 안 살 익은 냄새 노릇노릇 진동했다

훼드라 구석에 앉아 듣는 빗소리는
어디선가 LP판이 타닥타닥 튀는 것만 같고
남몰래 부르던 노래 콴도 콴도 콴도,
관둬

나는 조금 솔직했고
그는 너무 정직했고

얼어붙은 동토라 쓰고
얼토당토라 읽는 자부심

문맹은 서럽긴 하나 죄는 아니잖아
훼드라 발음기호가 [pétrə]인 걸 몰랐어

최루가스 뿌연 골목에서
너는 나의 손을 놓았고

새벽녘 직업 안내소 셔터문이 열려 있었다

꽉 찬 열 달 상주 출신 일수아줌마 심부름을 하고
조금 모자란 두어 달 양평 로스구이 불판 뒤집고

새 학기 들뜬 우편함
검은 봉투에 초록 글씨

나보다 먼저 도착한
그리운 육체

영혼 없이 사는 일은 버거운 일이야

그 집의 동태찌개는 참말로 맛있더라

무전, 부치다

공으로 부쳐 먹는 밭이라 돌이 많지
공일날은 꼭, 나를 데리고
부쳐 먹는 무밭으로 갔지

아버지, 담이 없는 집 그곳은 지낼 만한지요

돌 틈에서
돌처럼 살다
돌 아래 세 들다
돌아가신,

쉰넷이면 너무 이른 가을
스물셋이면 조금 늦은 봄

그나마 다행인 것은
늦은 봄의 살가움

아버지, 이곳은 돌을 다 치웠어요
당신을 닮은 돌이 그 옆에 누웠잖아요
돌들은 무더기로 살 때 빛이 든대요

앗, 사루비아

어디서 굴러왔는지
물 내리는 돌 틈에
빨간 깨꽃이 피어
아침이 조금 빨라졌다

어머니 저 꽃은 아무 데서나 잘 자라요

게무로사 물꼬냥에 자멍서도 살아지느냐

어머닌 불구멍에서도 살아나셨잖아요

너 경 막 닝끼려둠서 사름 애ㅈ칠래?

여름인 듯 가을인 듯
한로 무렵 물폭탄에
저지대 화단이 온통 무너졌는데

동틀 녘 붉은 포효가

번쩍 솟는 것이

앗, 사루비아!

한못의 초여름

연꽃이 무성하면 마름이 설 자리가 없듯

돌무더기 아래로 그림자 깊게 패이고

허공에 번지는 파문은 누구의 발자욱인가

한때는 우마들이 모여 한 세계를 이루었다지

섬 밖을 꿈꾸던 소년의 검은 고무신 같은,

지금은 낯선 이름이 서로 만나 스며드는 중

행기소 가는 길

초목을 등질 수 없는 꿈들이 여기 모여

연못이 되었다는 진실을 아시나요

새벽녘 해를 등지고 만 걸음을 옮기면

거기, 또 하나의 우주가 나를 기다린대요

서든 동이든 이름 갖고 자꾸 뭐라 하지 말아요

어둠은 벗인 듯 아닌 듯 앞만 보고 걸었는걸요

가끔은 산동물이 물을 찾아 내려온대요

배치레잠자리 고랭이 위에 알을 낳았대요

누군가 사랑하는 일은 잔물결의 파문 같아요

선풍기

무더운 여름
모기 하나에도 벌벌 떠는
나의 세계는 단순한 열정
피가 흐르지 않는,
차라리 자유자재로 마디마디 꺾이는

쓸모가 전부인 이 세계 풍력의 방향
이쯤에서 그만 사라지는 게 좋겠어요
내 안에 너 있다는 말 참말 같아서 슬퍼요

오른쪽으로 기운 어깨는 뭔가 풀리지 않는,
왼쪽으로 돌아간 목은 어디론가 돌아가고픈,
몸 펴기 서너 달 만에 그림자만 길어졌어요

버퍼링

속 끓는 문장들을
너무 많이 삼켜

한낮이
부글부글 타오르면

이열치열

배춧잎 수악쏵 찢어
콩국이나 해먹고 싶다

혼잣말

까치발로 서서 창문 너머 동귀포구 노을을 본다
버려진 탄광에 불이 붙은 듯 바다는 울부짖고
빌리가 바다를 등지고 나를 향해 달려온다

회전식 바의자 하나를 살걸 그랬어

쓸데없이 과잉인 나의 연민은
손을 길게 뻗고

무능한 아버지의 손, 슬리퍼를 닮았다

노을 지는 시간이 하루에 1분씩 빨라지고
나는 의자가 없고 빌리는 엄마가 없고
꿈을 꾸고 싶다면 등뼈를 늘려야 한다

어둠이 만연체여서,

춤을 추고 싶다면

삶이 양지쪽으로 팔을 뻗고 싶다면

그늘이 좋은 이유는 햇살이 등에 업히잖아

사전에, 사정이 생겨서 쉬!

1.

막내는 입을 한시라도 놓는 일이 없어
어머니 국수 말아 손님들에게 휘감길 때
선반내 모래기 각시 설운 아이 달래며 쉬,

2.

둘째는 사랑이 많아 늘 할머니 곁에,
단 아들 잃은 묵음에 방둥이가 되었는데
똥돼지 쉿쉿거리는 건 무서워서 그만 쉬,

3.

궷드르, 집으로 가는 길은 높고도 먼,
볼레낭 아래 쉼팡에 옥순이와 나 둘이
누운 산 같은 머리 헤쳐 다 죽일 듯이
똑,
똑,
똑,

4.

서른아홉,

산에서 자란 아이

바다에 누워

눈먼 가슴 작두비 내리치더니

간 날 돌아오네

시루떡 한 빔 위에 쉬,

살아서 좋아했다는

2부

한 여자

낙서 落書

아기가 깨기 전에
그림을 그려야 해요

모델료를 지불할 돈이 없어요 잠든 아기는 내 생애 최초의 모델이고요 예쁜 아기가 아니라 다행이에요 쉿, 바람에게 전해주세요 창문 밖을 서성이는 건 위험하다고요 독서는 위험해요 코발트 블루는 혁명의 색이죠 학명이 없다구요? 황칠나무는 만병통치약이에요 육아가 스트레스라는 건 맞죠 쉿, 낙태가 합법이라는 거 모르시나요? 모르는 걸 묻는 게 질문이죠 네루다가 물었죠 계절들은 그들의 셔츠를 바꿔야 한다는 걸 어떻게 알지? 커튼을 바꿀래요 박수를 치지 않아도 좋아요 내가 그리고 싶은 그림을 그릴 수 있다면요 쉿, 비밀이에요 자기에게만 집중하기를 바라는 사람은 해로운 사람이죠 더 이상 관계에 고집을 피울 필요는 없잖아요 창란젓은 안 좋아해요 저기요,

아기가 깨어났어요 붓은 접고 글이나 쓸게요

한 여자

마흔 넘어 몽유병을 알았다지
가슴에 넣어 둔 적 없는 멍울이 만져지고
눈물이 얼어붙어서
피가 거꾸로 솟아서

잠옷처럼 헐렁해진 하루의 규칙들
더 이상 겸손할 수 없는 머릿결 사이
몸에서 죽은 아이를 꺼내 어르고 어르는 밤

강인한 여자라고
그 말 만은 하지 마
국물도 없다면서
말끝마다 사랑한다고
애초에 널 위한 잔치에 촛불은 필요 없어

꺼져!

세상의 모든 저녁

당신의 저녁은 여전히 안녕한가요

눈꺼풀이 감긴다는 건 적어도 숨은 쉰다는 것

현관문 걸어 잠그며 신발을 벗는 건

적어도 내가 나를 훔칠 일은 없다는 것

아직 심장이 뛰고 있다면 그 고통도 내 것

혹여나 처음 본 꽃의 꽃말이 궁금하다면

누군가의 전화를 기다리고 있다는 것

친구 이름을 까먹고 전화번호를 뒤지고 있다면

지금은 잠자리에 들 시간이라는 거예요

그릴 마스터

고기맛은 마블링이야
살결이 곱고 부드럽지

일은 안 하고 옥수수만 먹으면
지방에 기름기가 잔뜩 끼지

무노동 불로소득은 동물 세계의 최고 가치인걸

고기맛은 불을 다루는 기술이야
강불 약불 육질을 갖고 노는 거야

탁상론 임금협상은 병 주고 약 주고지

너 그거 알아?
고기맛 끝판왕은

소금과 후추라는 걸

불순물은 제거해야 해

무정형 순수의 맛은 시도 때도 없이 달고 닳아

어반 스케치

흐린 날에는 갈매기 날갯짓을 보아라

품을 것 없는 자의 기백처럼 환한 날개는

섬 밖을 떠도는 이의 뱃머리가 되어주고

한 생을 흘러갔다 떠밀려 온 늙은 어부는

전갱이배 가득 대파 같은 정강이 싣고 돌아와

갈매기 동그란 인사에 담배연기로 화답하네

나는 나에게

청진기가 무서웠어
오독과 모독 사이
섣부른 처방이
섬을 등질까 봐
못다 한 사랑 노래에 기름기가 낄까 봐

다한증은 마음이 추워 생기는 병이래
한밤중에 이불 걷어차며 발광하는 이유
무심히 계절을 바꾼 너의 몸과 같은 거지

혀끝이 아프더니
소변 누는 게 쉽지 않네?

물음표와 느낌표를 번복하는,
그게 나야

바위에 귀엣말 속삭이는 저 파도의 안간힘

나를 위해 겨울보다 늦게 일어나겠어
책은 천천히 읽고 발톱은 정갈하게
모서리 깎인 마음에 너 하나만 재우겠어

옷장

하루의 때를 털며
사각의 틈에 가둔다

닮은 것끼리 부대끼며
올이 풀리고 단이 접히고

사랑의
몸부림 끝에
깊어가는 곰팡내,

늪

현문우답

내가 너에게 무어냐고 네가 물었을 때

음, 가장 존중하고 싶은 완벽한 타인

이라고 말하는 걸 조금 참을 걸 그랬나?

내가 운전을 하고 네가 커피를 마시고

기분 좋게 집으로 돌아오는 저녁에

나의 말에서 너는 유난히도 퉤퉤거렸지

타잔, 타투, 토씨, 티스푼, 튜닝, 토네이도

하필이면 왜 타인이냐고!

갑작스런 이별 선언 같은 느낌이었나 봐

나로선 사랑 고백이었다 말하고픈데

지금도 너는 나의 전화를 받지 않아

배신한 자에 대한 일종의 자애로운 복수 같은,

그렇다면 내가 너에게 묻고 싶어

나는 너에게 무엇이냐고

내가 원하는 대답을 얻으면 떠날 수 있겠어

니가 물었으니 니가 대답하라고?

그래, 정답을 말해주겠어

난, 너밖에 없어

봉숭아 물들이기

이상하게 죽은 자의 말이 아름다운 건
산 자를 정성스럽게 물들이기 때문일 것이다

햇살에 병들고 바람에 짓이겨진 것이
손톱 위에 얹혀져
노랗다가 붉어진다
물들이는 일은 혼자서는 할 수 없는 일이기에
둘이서 사이좋게 싸매주고 쳐매주고
조금은 침묵의 시간이 필요하다

나이 든 자가 차를 끓인다
마른 잎은 푸르렀다가 온몸을 열며
천천히 연약한 자에게로 흐른다
리듬을 잃은 거북목 지나
낡은 구두굽처럼 비뚤어진 엉치
우묵배미 같은 발꿈치를 돌고 돌아
정수리 끝이 환해지면

말씨는 부드러워지고
열 손가락은 발랄해진다

더 이상 기다리지 않아도 되는 시간
삶에 덧대어진 상처를 풀어헤치고
마지막 풀향기를 코에 갖다 대면
나의 마지막 사랑은 완성된다
영원할 것 같지만
이쯤에서 끝내도 좋을 듯한
끝나지 않은 여름

독해, 지고 싶어

시가 얌전해서 쓰겠나
매운 고추 탈탈 털어 봐

자다가도 일어나 따져 묻고 싶어
어떻게 하면 독해질 수 있는지

초보운전 시절
집에 가서 밥이나 하라던 야비한 이빨
번쩍이던,

미안해요를 입에 달고 사는 미련스러움에는
어떤 바보 같은 해몽을 품고 있는 건 아닌지

전두엽 쪽으로 삐져나오려는 나의 해마
제자리에서 아무렇지 않게 웃는
다정함을 배워야 해

배워서 남 주라고 하지 마
난 배운 걸 내가 갖고 있지 못해

술은 분위기를 타서 입만 대다 들이 붓기도 하고
노래는 욕심을 부리다 바늘귀에 걸려 음계를 이탈하고
연애는 혀꼬임을 두려워해서 문밖에서 자꾸 서성거렸지

악몽을 자주 꾸는 건 죽음을 회피해서일까
부고 소식 들을 때마다 운동장을 한 바퀴 돌고
죽음소식을 덮고 빠르게 달리던 판타지

태어남은 공평하지 않아서 들쭉날쭉 사다리 타기를 하고
모든 죽음은 평등하다고 하나 위계가 있는 것만 같아

좋아하던 사람들은 다 죽었어

이유를 남기지 않고 죽고

화장실 앞에서 죽고

바다에서 죽고

불에 타서…,

오늘도 어디선가는 내 죽음 일부가 둥둥 떠다녀

그래도 독해지지 않는 건

두려움일까 사랑일까

이미 젖은 옷은 오래된 나의 일부

몸 안의 온기가
빠져 너에게 간다면
내 발에 밟힌 풀들이
기어코 살아난다면
나의 게으름을
조금은 용서해도 되겠니

알고도 저지른 죄는 피할 길이 없어

장난전화로
바다가 산까지 뛰어다녀
너의 사랑만 고집해서
귓바퀴에 고동이 살아

나에게 몰입할 수 없는,
너에게 달려갈 수 없는,

나의 정오는 벌써 저물어

무지개 여행

홉스골로 향하던 길에
두 번이나 무지개를 보았다

비가 몰아치니
말들이 바람을 등지고 달렸다

말발굽이 땅을 깨우고
잠깐 스치듯 하늘에 내려진 감호
아, 꿈인 듯 달콤하여라

과거는 늘 부드럽게
각색되어 유죄를 탕감한다

무섭게 내리다 그친 비는
성근 숲의 오후를 쓰다듬고
풀들이 양떼들 젖을 빨고 있었다

일곱 시간 달려 도착한 설산 앞 계곡
물은 흐르고 바람은 잔물결을 헤치고
게르는 비었고 노루의 사지는 찢긴 채
신문지에 싸여 바닥에 피를 흘리고 있었다

담배를 문 소년이 말을 타고 달려왔다
게르 주인을 찾아오면 담배 한 대 주라는
즐거운 협상 끝,
쌍무지개가 설산 뒤에서 흐뭇한 품으로
게르를 치고 있었다

아우 같아서 반가운
터기의 술잔을 연거푸 받고는
게르 한쪽에 끈질기게 게워낸 엇갈린 서사

몽골군이 마을을 쑥대밭으로 만들었다
소녀들이 피 묻은 고무신을 질질 끌며

설산을 오르다 미끄러지는데
아우는 흰말 엉덩이를 탁탁 치며 맴을 돈다
웃는다, 히히거린다, 더 세게, 더 크게 웃는다
계곡에는 벌써 바닷물이 들어와 파도가 덮치는데

어리숙한 잠 속에 천둥이 번쩍,

나는 푸르공을 타지 않고 자유 속으로 걸어갔다

혀끝에 피는 꽃

묵정밭 죽은 뱀에 놀라
혀를 깨물었다

입 안에 든 옥수수에
핏물이 고였다

얼마간 애도를 잊은 채
반벙어리가 될 것이다

말씨

두 해 전
내가 뱉은 말에
씨앗을 품었는지

가슴에 박힌 가시는
끈질기게 뿌리를 내려

하얗게,
민무늬 나무에
새 발자국
또렷하네

무화과나무

날 때부터 모로 눕더니

가지가지 옆으로만 자라

베어내고 베어내도 무정한 듯

힘겨루기하듯 하얗게 진물 흐르는

끈적한 너의 문장은 고양이가 곁눈질로 새를 쫓는 사이

몸 안에 꽃잎을 접어 잘근잘근 씹었다는 초여름 감정과잉의

섣부른 낙과

중년이 중력에 이끌려

마침표를 온점이라 부르면
좁쌀 같은 햇살 한 점
검은 도화지 같은 문장에
내려앉은 느낌이다

나의 시에 온점이 없다는 건
어디든 언제라도
너의 분노를 피해
도망갈 심사라는 거다

이상과는 정반대로만 가는
중년의 콩깍지는
주판알 묘기마저
온기가 스민 조약돌이다

세상에 온점 하나 찍고 싶다는
몹쓸 돌림병을 버리는 쓸모

그릇이 아니어도 된다는 용기

이른 아침 발굴된
여자들을 다시 읽는다

무라사키 시키부,
아녜스 바르다

뜻밖의 구조다
야생의 정열을 닮은

초저녁의 안부

헤어질 때마다
발 닦고 자라는 남자가 있었다

내가 쓴 시를 한 자도 읽은 적 없으나
초저녁 잊을 만하면 노을빛 문자를 보냈다

발은 잠들기 전 겨우 닦는 거라서
각질처럼 거친 답문이 무례한 듯 무심한 듯
괄약근 허약한 관계는 잊어도 그만이었다

저수지 산책길에 달개비꽃이 새초롬했다
반 뼘 넓은 데로 뿌리를 내려 식솔이 늘었다

초저녁 조금 늦은 안부
발 닦고 주무세요

담진중취

솔직히
소심하게 고백할 게 하나 있다

어쩌다
시집을 내는 난
머리 긴 짐승이다

자애로운 시인들이
용서하지 않을 걸 안다

눈으로 연애를 하고
입으로 효도를 하고
시적으로 뒷담화를 하고

꽃을 좋아하신다니 마음이 예쁘시겠어요

어디서 많이 듣던 말

금세 잊고 따라 하는 말

쓸모 있는 은유는
사유의 약사발 같은 거

통쾌한 직설이야말로
특효약 한 알로 충분하지

말에 말이 먹히고, 잡혀서
결국은 가자 지구가 되는

생각이 율격에 묶이고, 엉켜서
가짜 꿀통에 허우적대는

뭐야 너,
야바위꾼이야 말을 갖고 뱅뱅 돌게

불면증의 바다

차를 멀리 세우고 돌아오지 않은 척
가로등 없는 밤을 자주 서성거렸다

고래가 돌아오지 않는 날이 길어질수록
등뼈 없는 문어는 방광염을 앓았다

별도 달도 다 따줄 거라는
빈말을 반죽하며
달그락거리는 생의 뒤축을 움켜쥔 채

달은 뜨고 지고 갔다가 오는 것이라는,
무던한 진실을 끝내 놓을 수 없어

불면증 앓던 바다는
자궁 속 루프를 몰래 뺐다

벤치 마킹

아주 가끔
묘지 한 귀퉁이
어미 잃은 꿩알이 되어

누군가 건드리면 풀잎으로 떠는

차라리
들키고 싶은
슬픔이고 싶다

OSIO카페

그때 하늘은
용이 산을 넘는 풍경도 그렸지

용일 언니 큰일 봐주러 드나들던 그 집이 68층으로 재건축한대 집 한 채가 43억이래 성이 방씨인 귀희 여사는 일숫돈 받으러 갈 때 불고데한 머리 두 번 가다듬어도 오른쪽 가르마를 감추지 못했대 남현은 일수 가방 옆구리 끼고 해방촌 시장 한 바퀴 돌 때마다 직각형 남자들이 사열을 했대잖아 원주로 대학 다니던 그 집 큰아들 작달막한 게 별명이 나이키였지 도시락 반찬 까탈스러운 작은아들 걘 참 천하에 꼴통이었어 독서실 빠지고 갤러그에 빠져 용일 언니 속깨나 끓였다지 달동네 아래로 시집가고 한 번 오라는 말이 없어 섭섭했는데

나 지금 3번 출구야
여기로 오는 거 맞지?

추신

생의 그늘막은 햇빛을 가리지 못하고

눈 밑은 구운 계란처럼 누렇게 떠 있고

다정한 오른발 왼발 악수하듯 포개지고

이쯤에서 이별은 그리 먼 얘기가 아니야

우산을 같이 쓰고 버스를 놓쳤던 밤도

모른 척 애인의 사진 짓이겼던 비루함도

부지불식 내가 너의 손을 놓는다면

이생이나 저 생이나 사랑만큼 죄도 깊어서

오로지 신의 가호는 너의 남은 사랑을 위하여

안 되는 이유

마음에도 뼈가 있어 바람이 수시로 든다

친구의 사랑 노래는 서쪽 하늘로 기울고

엇박자 나의 삶은 한 글자씩 매일 느리고

찬송가로 노래를 배운 걸 후회한 적 있다

제대로 사랑해 본 사람이 꺾기도 잘한다는데

혼술에 익숙한 나는 밀고 당기는 걸 달 보듯

3부

사랑의 일

아찔한 사랑

이를테면 옹이는 상처의 깊이라 했다
그런 거짓말은 자꾸 눈물을 훔치게 한다
햇살 든 사각의 방에 그림자 자꾸 흔들리고

계단에서 자꾸 넘어지는 이웃집 정초 언니는
물질 나간 어머니 대신 동생 다섯을 키웠다
막둥이 홍역 앓던 밤 속옷에 핏물 흥건했다

먼저 나온 아이는 아랫목에 눕지 못하고
세숫대야 가득 뜨거운 핏덩이를 받고
해마다 죽은 아이는 나무 속으로 숨었다

쉰 넘어 가위눌림이 심한 어느 봄밤
풀어헤친 머리를 가위로 자르며 제발
웃자란 생의 은유에 석유를 붓고 성냥을

긋,

이순耳順

아무리 그래도 그렇지
귀를 뚫는다니

동네 미용실에서
10초면 된다는데

아뿔싸
눈 딱 감으면
감쪽같다던데

그리운 단내

때로는 시큼한 단내 그리울 때 있다
어머니, 우린 감 여남은 개 감추었다가
지긋한 다정함으로 "마 먹으라"시던

물만 붓고 밥 한 끼 때우는 속도전에
가난과 시절의 말 자주 우려먹는 옹졸함에
오늘은 책을 덮고서 마른 감잎에 귀를 댄다

땡땡 여문 감 저절로 몸 풀 때까지
잎사귀는 죽을힘을 다해 사랑했을 터
우려낸 감잎차 한 잔이 열 일을 한다

간절기의 말 1
- 미련과 집착 사이

햇살이 좋다 싶으면 비바람 들이닥치고
보풀 심한 카디건은 어쩐지 믿을 게 못 돼
있어도 없을 게 뻔한 옷장을 뒤적인다

꼭 다문 어깃장 열고 기억을 더듬는다
부푼 몸 인정하지 않는 뻣뻣한 고집
오호라, 향기를 잃은 사랑의 말 접혀 있다

얼떨결
받아 쓴 말은 흰밥과 같아서
오래오래 곱씹으며 푸른 과즙 짜내는,

이제는 버려야 할 때
더 이상의 용서는 없어

간절기의 말 2
- 세밑의 반성

오랫동안 생각 없이 침묵을 일삼았다
누군가는 흐린 눈으로 양미간을 접었고
꽃잎은 영혼 없는 말에 뿌리를 버렸다

입 안에서만 맴돌던 문장은 텅 비었다
비밀번호를 잃어버린 문밖의 바람처럼

박차고 나오지 못한 웅얼거림

그 속내

지금 이 계절에 필요한 건 직설의 화법
다음 문장을 넘길 때마다 가슴이 베이는,
어쩌면 홀로 바다를 넘는 필체가 그리운지도

간절기의 말 3
- **야호**

호야는 좀처럼 키우기 힘든 식물이다
어느 집은 한 해 두 번도 꽃을 피웠다는데
오 년째 잎만 무성한 채 바닥을 덮고 있다

바닥에 다다르면 무슨 수를 내는 법
분갈이해주고 배합토 섞어 비료도 한 스푼
창가에 내놓은 화분에 윤기가 도는가 싶더니

말 없는 것들은 오래 쳐다봐야 한다
인사가 없어도 공손한 손은 늘 바쁘다
적당한 햇살과 바람, 참 어려운 일이다

잎을 닦아주고 흙의 물기를 만져보고
조금은 뒤로 자리를 빼주면서 지긋이

아이야, 기죽지 말고 너 하고 싶은 거 다 해

간절기의 말 4
- 2월

앞마당 수돗가 옆
앵두나무를 베낸 날

죽은 나무의 밑동에 앉아
흐린 날의 시를 읽는다

나무를 심은 아우는
지금 어디에 있을까

죽은 자 앞에서 나는
누이였고 새였고

죽은 자 앞에서 어머닌
독한 어미였고 벌레였고

자신이 버린 세계를 껴안고
혼잣말하는 어머니

하필이면 윤달에 갈 게 뭐람

잊어도 되는 사랑이라

믿어도 될까?

산새가 죽은 나무에 알을 낳았다잖아

간절기의 말 5
- 노루잠

날 때부터 깜짝깜짝 놀래는 큰아이는
돌 지나 걸음 떼고는 까치발로 걷더니
열흘에 일고여덟 번은 코피를 쏟았다

아무리 아니라 해도
나의 불안을 심은 것 같아
아무리 못해도
초파일엔 등을 단다
모른 척 잊고 살아도
알고도 지은 죄가 있어

철커덕 쇳소리 들린 듯도 한데 노루잠이었다 그 짧은 순간에 살육된 아이는 분리수거되고
  혼자서 링거를 빼고 병원 문을 나섰던, 택시를 잡기 위해 가로등 앞에 선, 은사시나무 창백한 낯빛이 흐리더니 물컹한 아랫배 잡고 피리소리로 울던, 그런 까닭인지 큰애 낳고 눈물이 흔했다 엄마가 크게 우니

아이는 눈물을 삼켰다 살면서 죄가 크다면 그런 거다 남세스러운,

  나무장터에서 배꽃나무 한 그루 모셔왔다
  한기 들 때 몽우리 앉고 진득하게 기다려
  꿈인 듯 한 숨 자고 나면
  네가 와 있을 것 같아서

서어나무

눈 밑에 기미 번지는
팔월의 잣담 너머
걷는 것조차 두려운
나이 든 어미소마냥
습관성 되새김질로 계단을 오른다

귀에 익은 눈밸래기
빨간 열매 누런 잎 사이
이름 모를 새 한 마리
바람을 접어 아코디언을 켜네
늦여름 유랑극단이 짐을 풀 모양이네

삼나무숲 지나
벼랑길 오르고 올라
거친 숨결에 꽂히는 느낌표 하나

거기, 서
      서어
        서어
눈 밝은 나무의 일침이었네

정오의 희망곡

턱수건을 한 노인이 가게 앞에서 졸고 있다
손님이 나올 때마다 이쑤시개가 버려진다
개들은 지나가다가 노인의 발을 핥는다

개를 쫓던 길냥이가 저만치 거리를 둔다
비워진 그릇들이 흐르는 물에 나뒹군다
백일홍 꽃잎 하나가 물을 따라 흐른다

-이 좆으로 몽근놈의 새끼
-손쿰떼기 노리당 콱

느닷없는 번개가 화장실 문에 끼었다
바지를 내리던 손이 화살표 방향이다

재찬 오빠

택시운전 한다는 얘길 들은 것도 같아
어느 해 추석엔가 고기 한 근 떠 와서
올레 밖 떠도는 목청 쩌렁쩌렁 남달랐어

서점 앞에서 그렇게
조아리고 있을 줄이야
나를 알아본 듯 몰라본 듯
각별히 더 수그린 것 같고

다리는 왜 그런 거야 삶이 절단난 거야?

나와는 댓 살 차이라 어려서는 어려웠어
커서는 스밀 수 없는 삶이라 두려웠고
그날은 핏줄이란 게 무덤처럼 무겁더라

동네에서 젤 영민하다고
큰이모 사는 유일한 낙

머리 길다고 잡혀가서 눈이 풀리고 말았어
기타는 금세 주워가고 대들보는 무너졌고

하필이면 파란불이 너무 빨리 켜졌어

사각지대 볼록거울에
산짐승이 내려와 우우우

다가가 손잡지 못한
아껴둔 사랑

게매 양

덜커덕, 막 깨

  하늘에도 질이 이선 저것들도 눈 금아둠서

  혀뜩허게 노리 완 저거 보라 촉촉촉촉 쟈네들도 살아보젠 허는 거 아니라
  나도 호건 살아보젠 탕탕탕탕 허명 이제도록 살아시녜 눈 뜨민 바당에 콕
  박아정, 경해둠서, 또시, 물 혼직 밥 혼직 먹어아장 밭드레 푸더졍 가곡
  이거 나 몸뚱이가 덩드렁마께여 해볼 나우가 엇다니 보라 이거 곰보각시
  손금 아니가 이레 화락 저레 화락 이거 그릇이 엇져 게난 누게라?
  입 바우에 보라 이거 희영허게 막 피언 이거 무시 것고?

쉼 없이 쏟아지는 그리운 안부

도무지 알 수 없는 입 안에 핀 꽃

검버섯 넓게 번지며 가파르게 오르는

아직, 또렷한

설 앞두고 수십 년 만에 찾은 동천탕에서
내외하듯 등 밀어주다 발견한 불칸낭 자국
냉온탕 번갈아 가며 기억은 가물거리는데

와작착 들이닥천 콱 찔런 돌아난게 모가지로 피는 콸콸 나고 할망은
콕 박아젼게 숨 끄차져불고 도새기영 둑이영은 막 왜고 난 막 ㄴ래연
울단 팍 푸던지게 그만 이레 이레 막 그쨔, 에에 모르켜 확 밀라 무시거 햄시

안개 속 불콰한 낯빛
텅 빈 뼈 마디 마디
어머니 기억의 된소리는 맥락 없이 흐르고

아직도 동굴에 갇힌 왜가리 울음소리
오목가슴 아래쪽에 돌덩이로 앉았는지
손대면 눈 질끈 감은 채 아욱아욱 운다

사랑의 일

어머니 다리에는 동굴 서너 개가 파였어요
지금쯤 동굴의 입을 열면 사리 몇 개
나올지도 몰라요
사리는 머리에서 나오는 게 아니라
다리에서 나오는 거래요

요숫설 때부터 조팟디서 몽그라진 다린디
이제두룩 존디크냐?

그게 무슨 말이냐고 물으면
틀니를 빼서 입을 닫아버려요
동굴에서 빠져나온 바닷물이
썰물 밀물 왔다 간 자리에
뼈마디가 우둑우둑 생겨나죠

조 볼릴 땐가?
조코구리 톤을 땐가

머리 끄스럼쪄
머리 끄스렁 햄쪄

머리가 아프다며
다리를 동여매는 이유는 뭘까요?

아직 발견되지 못한 지네가
어머니의 다리를 지나가나 봐요
밤낮을 잊어가는 그녀의 귓가에는
정자야 라고 부르는 외마디가
자울락자울락 넘어진대요

조 불릴 땐가?
조코구리 톤을 땐가

휘파람 소리 같은 기억은
자꾸 흩어지고 있어요

달빛 아래 술잔을 기울이며
뼈 속에 사리를 찾는 일은
서릿발 내린 사리를 세우는 일은
중요한, 아주 중요한 일이에요

사랑한다면요
사랑하니까요

전야

고추를 썬 손을 눈에 대고 말았다
씻을수록 더 화가 나서 눈물이 났다
혼자서 잠을 청하는 송 씨 마음 알 것 같다

두 해 앞둔 일흔,
두 눈을 잃은 그가
명절날 초저녁에 오디오북을 듣는다
창문 틈 귀뚜라미가 함께 와서 듣는다

사춘기와 갱년기 앓던 모녀가 떠나고
TV 앞에 익숙한 사물처럼 놓인 채
가족은 빗방울처럼 흩어져 각자를 껴안는다

설탕 옆에 고춧가루 간장 옆에 뾰족한 소금
눈이 멀어 온전한 타인으로 존재하는 것들
하루를 더듬는 손이 비늘처럼 반짝인다

오래된 저녁

오래 버티면 혓바닥도
갈필처럼 부드러운지
폭낭 아래 여자들은
웃니 아랫니 굳게 닫은 채
역병에 젖 물고 죽은
아이의 젖니를 핥는다

밥때가 돼도 좀처럼
일어서지 않는 노을
불끄너미 밤종소리에
아랫도리 흥건하고,
난간에 벗어둔 신발
주섬주섬 흘린다

주먹밥처럼 둥근 몸들이
옴팡밭으로 흩어진다

혼잣말로 길러낸 뒤뜰
양하꽃 오래 붉다

산내의 슬픔

산내 단풍나무는 여름을 이기지 못했다

명분 없는 단발음에 뿌리는 흔들렸고

연둣빛 새순의 입술은 파랗게 질렸다

나무는 정의로웠으나 역사는 공포였다

다섯 손가락 깨물어 더욱 아픈 손가락

아비를 잃은 아이는 눈 뜬 채 잠이 들었다

눈雪이라도 내렸다면 눈目이라도 덮으련만

흰 뼈의 정강이를 스치던 바람은 그만

우듬지 끝에 숨이 걸려 명줄을 끊었단다

지구는 둥글게 둥글게

서로가 연결된 것에

수긍하다가 의심하다가

  나와 동거하는 이는 촌수를 따지기 복잡하다 어쩌면 복잡해서 무음처리를 하는지도 모르겠다 무음에 익숙해진 가족, 가족을 규정하는 측량법이 나라마다 다르고 시대마다 달라서 달리던 자동차가 카페로 돌진했다는, 차가 가다가 멈춰 서는 바람에 주유할 시간을 벌었다 겨우 연명하는 것들, 사전연명치료의향서에 도장을 찍은 보경씨가 새로 들인 찜통으로 중복날 닭을 삶아 왔다 닭다리를 서로 나누려는 다정함, 다 정 때문에 사는 거라는, 다 떨어진 정을 애써 푹푹 쪄서 이 집 저 집 나르다 치킨 마스크가 눈에 띄면 각자의 가면을 갈아 끼고 거실에서 튜브를 띄우고 논다 산다는 게 참 하찮은 일이라 메모를 바로바로 하지 않으면 각기 병으로 입원할지도 모르는 일이라 각별히 조심하는 게 서로의 규칙이다 규칙과 현실은 너무 거리가 먼, 팔레스타인은 희망이 있는 것인지, 소식을 모르는 해초가 걱정돼 달마실을 하며 함성을 실어 보냈다 함성과 함선은 대치 중이어서 오랜 싸움 끝에 과일들이 잘 열리지 않을 거라는, 칼로리나 크시자크의 사망 소식은 치명적이다 치가 떨릴 정도로 고집스럽게 지켜온 그녀만의 저항, 인류가 멸망하기 전에 먼저 가서 기다리기라도 할 것처럼, 새들이 그의 죽음을 비명처럼 알리려 때로 몰려든다 귀 밝은 이가 있을지는 의문이다 문은 열려도 사선으로 칸막이를 한 마음들이 서로 스며들지 못하고 있다 슬며시, 동거인의 명부를 작성하면서 별똥별과 반딧불이의 차이를 모르겠다고 푸념을 하고 동사무소 직원은 머리 끝에 집중된 화를 꾹꾹 짠다 레몬즙이 몸에 좋다는 쇼핑호스트의 들뜬 목소리가 완판을 윽박지를 때, 그랜드 캐년을 내리친 우박이 남긴 길고도 우악스러운 상처, 오리가 나는 형국, 한 방에 다 쓸어버릴 것 같은

폭력, 수치를 모르는 고통,

세계는 흐르다 끊겨 엎치고 덮쳐서 곧

상군 바다

사흘 모자란 아흔에
이제 마지막이라는

숨 깊은 순비기
연보라색 치마폭에

흙갈색 태아의 머리가
   둥
            둥
     떠
               다
            닌
        다

바람이 하는 일

앵두가 너무 붉어서
감꽃 지는 것을 몰랐다
넓은 잎사귀 사이 숨어 살던 꽃이
무던히 한날한시에 무덤을 이루었다

어떤 죽음은 개별적이어서
떠난 자리가 텅 비고
어떤 죽음은 하나여서
누구의 자 누구의 처다

알 수 없는 죽음
합장으로 화답하며
탯줄 까맣게 태운
유월의 끝물

연노랑 아기 열매
젖을 빨며 헤실대면

비로소 또 하나의 백비가

이름을 갖게 된다

한로 무렵

찬 이슬 내리기 전
세상과 문 닫아걸고
홀로 아프고 싶을 때
무작정 농막에 든다
고요히 자리에 들던 산 것들 몸이 선다

설익은 손이어서 제 발등 찍는 거 같고
매미를 갈아먹은 갓나물이 손을 벤다
마침내 체한 마음이 우박처럼 떨어진다

내가 베어내고 싶었던 건 무엇일까

누군가 조금 나눠 준 씨감자를 고른다
봄 나면 몸 풀어헤칠
배꼽 둘레 환한

씨눈

해설

영혼의 사랑을 깨우는 푸른 자궁
- 강은미 『흐린 날의 춤』

김승립

시인

영혼의 사랑을 깨우는 푸른 자궁
- 강은미 『흐린 날의 춤』

1.

신문지에 싼 감자에서/ 싹이 나고 있다// 곰보자국 굳은 상처엔/ 독이 자라고 있다// 누군가 베어내기 전/ 푸른 자궁이 열려야 한다

- 「네가 필요해」 전문

강은미는 시집 『흐린 날의 춤』의 맨 처음을 여는 시에서 느닷없이 싹이 나고 있는 감자를 화두처럼 제시한다. '싹이 난 감자'라니! 그것이 과연 무엇이길래 강은미는 진지하게 천착하고 있을까.

어릴 적 "감자에 싹이 나서 이파리가 감자"라는, 노래인지 주문인지 알쏭달쏭한 구호를 외치면서 가위바위보 놀이를 한 경험이 다들 있을 것이다. 그런데 도대체 왜 가위바위보 놀이를 할 때 감자와 관련된 구호를 외치는지 생각해 본 적 있는가.

감자는 예전 먹거리가 풍요롭지 못한 어려운 시

절, 산간지방에서는 주식으로 자리 잡았고, 주식이 아니라 할지라도 대표적인 구황작물로 흉년의 굶주림을 면하게 해주었다. 감자는 씨감자를 심으면 싹이 나고 그 싹에서 잎이 자라 꽃이 피고 열매를 맺는 생장과정을 거친다. 문화인류학적 보고에 의하면 옛적에 아이들이 동요적 리듬에 맞춰 재미있게 놀이를 하면서 중요한 작물인 감자의 생장과정을 자연스럽게 익힐 수 있도록 이 구호가 개발되었으리라 추정하고 있다. 한편으로 가위바위보의 각각의 모양이 감자알과 싹과 이파리와 맺는 형태적 유사성 때문이기도 하겠다. 그런데 감자의 싹에는 솔라닌(solanine)이라는 독성물질이 포함되어 있어 주의를 요한다. 싹이 난 감자를 먹게 되면 복통과 구토를 동반하는 심각한 부작용을 유발하게 된다. 그러니까 '감자의 싹'은 새로운 감자를 생성시키기도 하고 반대로 치명적인 부작용을 초래하기도 하는 이중적 딜레마의 표상이라고 할 수 있다. 아닌 게 아니라 농촌에서는 싹이 난 감자를 폐기하지 않기 위해 씨감자로 활용하거나 아니면 싹이 난 부분을 도려내서 섭취하는 지혜가 일찌감치 전해지기도 했다. 그러니까 싹이 나고 있는 감자는 늦기 전에 적절한 토양 환경에 심고 가꾸어 새로운 감자가 생산되도록 해야 한다.

「네가 필요해」는 바로 이 지점을 노래하고 있다. 싹이 난 감자의 "곰보자국 굳은 상처"를 그대로 놔두면 그것은 온통 '독'으로 퍼질 것이고, 그렇지 않으면 그 부분을 도려내어 활용해야 하는데 그것 또한 뭔가 께름칙한 불구의 상태일 수밖에 없다. 온전한 상태로의 역할 또는 존재성을 인정받기 위해선 "푸른 자궁"을 빌려서 '독'을 해독하고 정제하여 새로운 존재로서의 감자를 생성되게 해야 한다. 그러니까 강은미는 이 시에서 상처의 부정성을 고착되게 놔둔다는 것은 곧 존재를 부정해야 하는 것이기에 외려 새로운 존재 형성의 긍정성으로 전환시키려는 간절한 열망과 의지를 드러내고 있는 것이라 할 수 있다. 중요한 것은 '싹이 난 감자'가 아니라 '푸른 자궁'인 것이다.

2.

『흐린 날의 춤』에 수록된 시의 시적 화자들은 때로 또는 자주 기억의 회랑을 건너 과거로의 시간여행을 감행한다. 『흐린 날의 춤』을 읽는 것은 어떤 면에서 강은미의 빛바랜 사진첩을 펼치는 것과도 같다. 그 시간여행 속에서 화자들이 회상하는 장면들은 일정하지 않고 다채로운 모습의 파노라마로 펼쳐지는데, 주로 성장기의 가난과 소외로 인한 유폐, 가족사적 상실과 아픔, 우울과 동경, 금지와 반항, 사랑과 이별 등 여러 가지 추억과 상처로 뒤섞여 있다. 르네 샤르가 "산다는 것은 하나의 추억을 완성하기 위해 집요하게 애쓰는 것"이라고 했지만, 강은미 또한 필연적으로 완성해야 할 어떤 추억이 있기에 그런 것일까. 우리가 인생을 부단히 애쓰면서 살다보면 어느덧 강 건너편에 와있고, 건너온 강의 저편을 돌아보면 때로 힘들고 괴로웠지만 그것들조차 그립고 아름답게 느껴질 수는 있다. 강은미의 사진첩에는 그런 부분을 주종하는 추억의 장면들도 분명히 끼어있지만, 한편으로는 추억의 완성이라기보다 현존재의 '독'의 부정성을 제거하고 새로운 존재로의 재탄생을 위한 근원 탐색의 노력으로 보인다.

우리가 빛바랜 사진첩에 들어있는 모든 사진을 열람하는 것은 매우 소모적이고 불필요한 일이기에 의미가 특별하다고 여겨지는 몇 장면을 살펴보기로 한다.

거늘이 왕상한 집 벽장 속에 숨는 아이// 누워서 천장을 보면 굼벵이가 꿈틀거리고// 앉아서 벽창호를 보면 쥐 오줌이 어른대고// 친구들이 주산학원을 몰래 다닌다는데,// 소풍 날 재 묻은 갈치대가리는 아니잖아?// 생각에 딱지를 접어 자치기를 하고 싶어// 보이는 숫자끼리 박치기를 하는 거야// 미운 사람의 머리를 치는 일은 흥미진진해// 함부로 들었다 놨다, 거슬리고 하찮아// 하필이면 조합장 딸 미옥이네가 전화를 놨대// 뒷번호가 삼팔공공 어라, 우습지 않아?// 이럴 때 필요한 거야 빵야 빵야 빵야 빵야// 글자를 뒤집어 봐 야빵 야빵 야빵 약방…// 동그라미를 그리며 말하기를 좋아해// 한 번도 해보지 못한// 나,/ 지금 아프단 말야

- 「슬픔 사용법」 전문

아이는 "천장을 보면 굼벵이가 꿈틀거리고" "벽창호를 보면 쥐 오줌이 어른대는" 열악한 환경에 거주하며 친구들이 다니는 학원은커녕 소풍날에조차 "재 묻은 갈치대가리" 도시락을 싸가지고 가서 따돌림을 받는다. 아이는 스스로 벽장 속에 유폐되어 우울한 생각에 잠기지만 한편 그 생각을 역으로 뒤집어 자

신을 무시하고 따돌리는 친구들에게 상상 속에서나마 사소한 앙갚음을 하는 놀이를 한다. 그러나 그것은 실제로는 "한 번도 해보지 못한" 행위이며 "나,/ 지금 아프단 말야"라고 부르짖고 싶으면서도 그 아픔과 슬픔을 혼자서 감내해야 했다.

   상처의 근간은 말할 것도 없이 어린 시절의 가난과 아주 열악한 생존 조건에서 출발한다. "조금 기우뚱,/ 초이레 달을 닮은"(「첫, 꿈」) 아버지는 세 없이 거저 얻은 돌밭이나마 "돌 틈에서/ 돌처럼"(「무전, 부치다」) 열심히 농사를 짓지만 무언가 삶이 뜻대로 펴지질 않기에 "하루에 밥상 두 번 엎는"(「첫, 꿈」) 무능하고 폭력적인 모습으로 나타나기도 하고, 4·3으로 추정되는 역사적 광풍의 "불구멍에서도 살아"(「앗, 사루비아」)남은 어머니는 "요숫설 내부터 조팟디서 몽그라진 다리"(「사랑의 일」)를 밑천 삼아 물질노동과 억척스런 생활력으로 생계를 끌어온 것으로 보인다. 한편 가족 구성원의 상실로 인한 묵직한 아픔들도 그 속에는 내재되어 있다. 여하튼 가난으로 인한 기초적 생존 조건의 열악함 또는 결핍은 어떤 주체든지 간에 자기를 둘러싼 세계를 부정적으로 인식할 수밖에 없게 만든다는 것은 불을 보듯 뻔한 일이다. 하물며 그것이 인식의 머리통이 채 여물지 않은 성장기의 주체임에랴.

  사진첩의 다른 장을 열면 열악한 현실의 부정성을 벗어나고자 여기가 아닌 다른 세계에 대한 동경을 꿈꾸던 장면들이 보인다.

> 삼일교회 풍금 소리는/ 서울 말씨의 바람 같은// 손이 흰 사내아이의/ 조신한 발자국 같은// 꼭 한 번 비밀의 방에 들어가고 싶었다
>
>   -「**첫, 꿈**」부분

> 라디오만 있고/ 수유리가 궁금했던// 성우의 목소리에/ 젖멍울이 붉었던// 일요일은/ 서울에만 있는
>
>   -「**십오 세**」전문

  화자가 동경하는 다른 세계는 "손이 흰 사내아이의/ 조신한 발자국 같은" 정갈하고 부드러운 세계이며, 여기에는 없는 '일요일'의 휴식과 위안이 보장되는 세계이다. 그러나 '서울'로 상징되는 다른 세계로의 통로는 "삼일교회 풍금소리"나 라디오에서 흘러나오는 "성우의 목소리"에 의해 연결되어 있고, 그것은 얼핏 열린 통로인 듯하지만, 그래서 동경과 희망

으로 화자는 달뜨고 "젖멍울이 붉었"지만, 사실은 그 것은 실체를 잡을 수 없고 "비밀의 방"처럼 쉽사리 진입할 수 없는 미지의 세계일 뿐이다.

하지만 "섬 밖을 꿈꾸던 소년의 검은 고무신 같은"(「한못의 초여름」) 현실에서 다른 세계를 꿈꾸게 한 '소리'의 원동력은 화자로 하여금 다른 세계에 대한 열망과 함께 세계의 여기와 거기의 차이와 부조리에 대해 느끼게 함으로써 새로운 의문으로 증폭된다.

> 어떤 스침/ 고래를 본 적 없던 시절의// 어떤 낯섦/ 잡기장 말고 디스크 자키// 아이스크림 이름 같은/ 둘 혹은 셋, 다섯이 부르는// 뭉툭한 칼/ 아버지 머리맡에// 흥건한 슬픔/ 알다가도 모를/ C'est si bon// 아직도/ 해독되지 않는/ 조각난 집의 아득한
> - 「별이 빛나는 밤에」 전문

"아버지 머리맡에" 놓인 "뭉툭한 칼"의 세계와 라디오 프로그램의 '디스크 자키'를 통해 접하는 "아이스크림 이름 같은" 이국적이고 몽환적인 세계는 건널 수 없는 심연처럼 단절되어 있다. 그 단절은 때로 낯설고 "알다가도 모를" "흥건한 슬픔"을 불러오지

만, 현실과 동경, 여기와 거기의 간극은 "해독되지 않는" 암호와도 같다.

사춘기 무렵 첫사랑의 순수함과 자아의 의지와는 상관없이 안타깝게도 사랑의 감정을 놓아버려야 하는 아쉬움을 다루고 있는 「양마단지」를 살펴보면 간극의 상처는 깊고도 근원적으로 보인다.

보연이네 담장 밑에 마농꽃이 피었다// 오토바이 뒷좌석에 탄 친구가 단단했다// 단단이 바퀴를 달면 당당해지나 싶다가// 오갈 데 없어 과수원 집 심부름 하러 온// 슬이 오빠 생각에 받침이 자꾸 신경 쓰였다// 남자가 이름이 예쁘다고 머리를 많이 맞았다// 사람이 가늘고 길고 뾰족해서 쓸 데가 없다고// 약 치고 공 치던 날에 입고 온 옷 그대로 나갔다// 두 시간 기다려야 하는 버스가 금방 와버렸다// 벗어 둔 고무신에 바퀴를 달고 싶었다// 달은 가만 있어도 버스보다 빠르고, 멀리// 마농꽃 노란 입술이 새파랗게 밤새 떨었다

- 「양마단지」 전문

이 시집에서 드물게 아름다운 추억의 장면으로 새

겨질 이 시는 불발된 첫사랑의 아쉬움과 슬픔을 말하고 있는데, '마농꽃'처럼 순수한 희망(마농꽃의 꽃말이 순수와 희망이다.)의 근거가 단단함과 당당함에서 싹튼 것이라는 점은 시 속의 주인공이 지향하는 바를 함축하고 있다 하겠다. 그러나 현실적 쓸모에 합당하지 않는, 주인공이 선망하는 단단함이나 당당함은 배제와 추방의 대상에 지나지 않는다. 시적 자아가 아무리 "벗어 둔 고무신에 바퀴를 달고" 그것을 막으려 안간힘을 써도 강고한 현실법칙은 "마농꽃 노란 입술"을 좌절시키고 "새파랗게 밤새 떨"게 만들 뿐이다. 그래서 시인은 다른 곳에서 "쓸모가 전부인 이 세계 풍력의 방향/ 이쯤에서 그만 사라지는 게 좋겠어요"(「선풍기」)라고 항의하기도 한다.

미지의 세계에 대한 동경이 어쩔 수 없는 단절과 조건적 간극으로 인해 쉽사리 넘어서지도 못하고 여기와 거기의 세계가 좁혀지지 않을 때 주체는 어떻게 해야 할까.

「제7일-영화 '토리노의 말'에 부쳐」의 딸처럼 "얌전한 손놀림으로,/ 흐린 눈으로" 순응하면서 묵묵히 받아들이거나, 그렇지 않고 어떻게 해서라도 살아남으려면 환경적 조건이든 제도적 조건이든 그것을 넘어서기 위해 최소한의 반항이라도 해야 하지 않을까. 표제작인 「흐린 날의 춤」에서 우리는 강은미의 화자가 세상의 제약조건을 넘어서기 위해 어떻게 안간힘을 쓰며, 또 나름의 방식으로 치열한 반항의 의지를 표출하는지 알게 된다.

> 잠이 안 오네 양은 냄비에 끓고 있는,// 잠이 안 오면 양을 세라는 말은 왠지 불경스러워 습기 머금은 팔월, 산을 넘지 못하는 비, 부정적인 아이라 불리기를 원치 않아 차라리 부정하고 부정하고 부정하고 부정해서 긍정이 되기를 바란다고나 할까 이를테면 마술의 끝은 장미꽃이 새가 되는 거지 아니면 그 반대여도 괜찮아 이런 말을 하면 한두 명씩은 꼭 비아냥, 마녀를 쳐다보는 눈빛이지 빗방울 위에 올라탄 마녀, 빗자루 아니고 빗방울, 빗방울은 힘이 세 꽃도, 차도, 산도 다 들어 올리니까 눈에 보이는 것을 믿는 나이지만 가뭇없지 않아 눈에 보이지 않더라도 하늘에 계신 아버지, 시험 볼 때마다 혓바늘을 낮게 한 건 입 안에 든 침이니까 관자놀이를 통과하는 침을 맞아본 적 있어 병색이 짙다고 하더군 집안에 마가 낀 거래 하지 마라 하지 마라 하는 것을 누가 자꾸만 하

고 있대 그게 난데 어떡하지? 장마가 걷히질 않네? 안개가 막다른 길로 인도하려고 해 이럴 땐 기운을 바꿔야 한대 환기가 필요하다는 뜻이야 조금 빠른 음악을 듣는 게 좋겠어 아버지, 술김에 할부로 들인 전축 발밑에 모셔 두었네 하지 말라는 것만 하는 나, 교회 선생님이 불경스럽다고 버린다는 LP판 내가 받아왔어 그러니까 내가 자꾸 불경 불경 하는 거야 그거 알아? 바늘이 회전반에 올려질 때의 스릴, 치, 치직, 그으윽, 아 그윽하다 그윽해 Bee Gees Stayin' Alive 소리 질러, 아아아아 살아 있다고 아아아아 살아 숨쉰다구, 살아남았다고, 좀 더 볼륨을 높여 그리고 춤, 춤은 리듬이 중요해 찌르고 박고 찌르고 박고 이제 물결을 타는 거야 흘러갔다 밀려오고 다시, 흘러갔다 밀려오는 이런, 불경스러운// 열아홉,/ 뿌리 없는 나무// 어쩌다 핀 꽃 같은

- 「흐린 날의 춤」 전문

화자는 미성년의 끝자락에서 자신의 열악한 환경을 "뿌리 없는 나무"라 인식하고 스스로를 "어쩌다 핀 꽃"으로 자학하면서도 현실을 부정하고 또 부정하고 한다. 자신을 부정하고 금기의 족쇄를 채우는

세상에 대해 오히려 타자들이 멋대로 규정하는 '마녀'의 명명을 받아들이는 듯하면서 그것을 전복하는 의식의 싸움을 벌인다. 세속적 관습의 제약도 종교를 포함한 온갖 제도적 금기도 거부하면서 있는 그대로의 자신을 긍정하기 위한 끝없는 부정의 싸움은 전망이 보이지 않는 "막다른 길"의 미래를 어떻게라도 열어나가려는 안간힘의 노력이다. 그것은 설령 "불경스러운" 것이라 해도 전설적인 록그룹 비지스의 '스테잉 얼라이브'의 노랫말처럼 "살아 있다고 아아아아 살아 숨쉰다구, 살아남았다고" 존재를 증명하는 것이기 때문이다. 어떠한 전망도 허락되지 않는 금지의 상황에서 "찌르고 박고 찌르고 박고" "물결을 타"면서 자유롭게 추는 춤과 같은 "불경스러운" 위반만이 "어쩌다 핀 꽃"이라 해도 화자가 생명 있는 '꽃'임을 보여줄 수 있는 것이다.

3.

시간은 흘러 장면이 바뀐다. 미성년의 강을 건넌 주체는 성년에 이르러 생의 중요한 입사식인 사랑과 이별의 통과의례를 거치게 된다. 그 과정에서 당연

하게도 세계인식의 변화도 따라온다.

> 훼드라 구석에 앉아 듣는 빗소리는/ 어디선가 LP판이 타닥타닥 튀는 것만 같고/ 남몰래 부르던 노래 콴도 콴도 콴도,/ 관둬// 나는 조금 솔직했고/ 그는 너무 정직했고// 얼어붙은 동토라 쓰고/ 얼토당토라 읽는 자부심// 문맹은 서럽긴 하나 죄는 아니잖아/ 훼드라 발음기호가 [pétrə]인 걸 몰랐어// 최루가스 뿌연 골목에서/ 너는 나의 손을 놓았고
>
> **-「좋은 이별」부분**

내가 너에게 무어냐고 네가 물었을 때// 음, 가장 존중하고 싶은 완벽한 타인// 이라고 말하는 걸 조금 잠을 설 그랬나?// 네가 운전을 하고 네가 커피를 마시고// 기분 좋게 집으로 돌아오는 저녁에// 나의 말에서 너는 유난히도 퉤퉤거렸지// 타잔, 타투, 토씨, 티스푼, 튜닝, 토네이도// 하필이면 왜 타인이냐고!// 갑작스런 이별 선언 같은 느낌이었나 봐// 나로선 사랑 고백이었다 말하고픈데// 지금도 너는 나의 전화를 받지 않아// 배신한 자에 대한 일종의 자애로운 복수 같은,// 그렇다면 내가 너에게 묻고 싶

어// 나는 너에게 무엇이냐고// 내가 원하는 대답을 얻으면 떠날 수 있겠어// 니가 물었으니 니가 대답하라고?// 그래, 정답을 말해주겠어// 난, 너밖에 없어

- 「현문우답」 전문

성년이 되어 「좋은 이별」의 화자는 아마도 대학진학으로 인해 환경조건의 제약으로 작용했던 섬을 벗어나게 된 것으로 보인다. 힘겨운 아르바이트를 하면서 학업을 이어가는 화자는 그리도 그리던 '서울'의 도심 카페 주점에서 음악을 듣기도 하고 연애 비슷한 만남을 경험하기도 한다. 빗소리와 함께 이국적인 노래를 감상하면서 연인과 낭만적인 분위기가 형성되기도 하지만 노래 "콴도(Quando), 콴도, 콴도"의 가사(언제 나에게 고백할거야)처럼 상대방의 사랑의 고백을 바라는 화자의 의지와는 달리 사랑의 감정은 이국적인 카페 이름을 제대로 모른다는 하찮은 이유, 또는 서로 간에 대화의 어긋남(문화적 차이와 지적 수준의 불균형)으로 인해 결렬되고 만다. 요는 "나는 조금 솔직했고/ 그는 너무 정직했"기 때문이다. 이것은 무슨 의미일까.

「현문우답」의 사랑의 어그러짐은 보다 분명하다. 화자는 상대방을 두고 "가장 존중하고 싶은 완벽한 타인"이라 고백한다. 화자는 사랑의 감정을 "영혼 없는 말"(「간절기의 말2」)이 아니라 가급적 정확한 언어로 표현하고 싶었던가 보다. 화자는 "난 너밖에 없"다는 사랑의 진정성을 "가장 존중하고 싶은"에 방점을 두고 있는데, 상대방은 "완벽한 타인"에 방점을 두어 "갑작스런 이별 선언"으로 받아들여 또 한 번 사랑은 결렬된다. 그러니까 문제는 소통의 오해로 인한 감정의 왜곡과 관계의 차단인 것이다. 달리 말하면 "너의 사랑만 고집해서" "나에게 몰입할 수 없는,/ 너에게 달려갈 수 없는"(「이미 젖은 옷은 오래된 나의 일부」) 상태인 것이다.

인간 존재는 '개별적 자아'가 아니라 '관계적 존재'이다. 어떤 식으로든 우리는 만남을 통하여 자아를 구현하며 세계를 포용하게 된다. 진정한 자아 구현이나 온전한 세계의 포용은 그러나 매우 지난한 일이고 대부분의 경우 우리는 어긋난 만남과 왜곡된 교류를 통하여 불신과 부정의 생채기만 안고 돌아설 때가 많다.

그럼에도 불구하고 인간은 사회적 동물이고 세계

-내-존재이기 때문에 만남을 부정하고 살 수는 없다. 마르틴 부버는 우리가 세상과 어떤 태도로 관계 맺는가에 따라 인간의 관계 방식을 두 가지로 나눴다. 대상을 객체화하여 수단이나 도구로 삼는 '나-그것'의 방식과, 대상을 단순한 객체가 아니라 온전하게 살아있는 독자적 존재로 인정하는 '나-너'의 방식이다. 전자는 대상을 철저히 타자화하여 관계가 파편화되고 인간의 소외와 단절을 낳게 되며, 후자는 서로가 주체성을 인정하면서 참된 자아의 형성과 진정한 삶의 가능성을 열어 놓는다. 부버는 만남의 가치는 타자인 '너'를 통하여 하나의 '나'가 되는 데 있다고 하면서 "나의 나됨은 너를 통하여 얻을 수 있다"고 역설한 바 있다. 그러기 위해서는 '나와 너'의 관계 맺음이 존재의 전체를 담보하도록 해야 되며, '나와 그것'의 도구적 수단으로 떨어지지 않도록 경주해야 한다. 모든 것은 대상을 어떻게 명명하는가에 달려 있다. '나와 너'인가, 아니면 '나와 그것'인가. 언어는 곧 존재의 집(하이데거)이고 관계 맺음의 방식이 곧 삶의 자리이기 때문이다.

강은미의 사랑의 화자들은 참된 만남과 진정한 삶의 가능성을 꿈꾸었을 것이다. 그러나 사랑의 대상은 '나'의 진정성과는 상관없이 자신의 주견만으로 '나'를 판단하여 언어를 왜곡하고 소통을 좌절시킨다. 화자는 더 이상 "별도 달도 다 따줄 거라는/ 빈말을 반죽하며/ 달그락거리는 생의 뒤축을 움켜쥔 채"(「불면증의 바다」) 살아갈 수는 없다. 그래서 극단적으로는 "더 이상 관계에 고집을 피울 필요는 없"(「낙서」)다고 생각하게 된다.

외부세계와의 소통의 좌절과 또 다른 간극을 겪은 자아는 "누군가 건드리면 풀잎으로 떠는// 차라리/ 들키고 싶은/ 슬픔"(「벤치 마킹」)의 고통조차도 오롯이 혼자 감내하기로 하며 "속 끓는 문장들"(「버퍼링」)을 내뱉지 못하고 그냥 삼켜버리게 된다. 다음의 시는 그러한 사정을 상징적으로 보여준다.

> 묵정밭 죽은 뱀에 놀라/ 혀를 깨물었다// 입 안에 든 옥수수에/ 핏물이 고였다// 얼마간 애도를 잊은 채/ 반벙어리가 될 것이다
>
> — 「혀끝에 피는 꽃」 전문

"혀끝에 피는 꽃"이란 뛰어난 이미지는 '상처'와 '언어'가 함께 갈무리된 상징으로, 이 시는 외부세계

의 불가해한 충격과 돌올한 상처, 그것으로 인한 언어의 차단 내지는 소통의 포기를 표현한 것으로 보인다.

그러나 아무리 부조리하고 불가해하지만 과연 외부세계와의 차단은 가능할 것인가. "너의 분노를 피해/ 도망갈 심사"가 있고 "세상에 온점 하나 찍고 싶다는/ 몹쓸 돌림병을 버리는"(「중년이 중력에 이끌려」) 용기가 있다 하더라도, 또 "서로가 연결된 것에/ 수긍하다가 의심하다가"(「지구는 둥글게 둥글게」) 해보지만, 어차피 지구는 둥글고 인간은 결국 세계-내-존재로 연결되어 있으며 어떤 식으로든 세계와의 상호작용 없이 살아갈 수 없는 것이다.

이 지점에서 강은미는 새롭게 자신을 돌아보고 성찰하게 된다. 성찰의 매개는 '어머니'이다. 우여곡절 끝에 "그리운 집"이지만 "슬픔의 집"(「신촌 옛집」)이기도 한 옛집으로 귀향한 시적 자아는 늙고 병든 어머니와 다시 조우하게 된다. 그 조우를 통해서, 4·3의 무참한 살육으로 어린 시절 부모를 잃고 겨우 살아남아 힘겹게 생을 영위해온 어머니의 "기억의 된소리는 맥락 없이 흐르고"(「아직, 또렷한」) 듣기 싫도록 "가난과 시절의 말 자주 우려먹"지만 그런 어머니가 끔직

한 고통과 가슴 찢기는 트라우마 속에서도 자식을 "죽을힘을 다해 사랑했을 터"(「그리운 단내」)임을 새삼 깨닫는다. 그 깨달음은 세계와의 관계 맺음 속에서 '나'의 오류와 '오독'으로 인한 "섣부른 처방"(「나는 나에게」)의 잘못은 있지 않았는지 성찰하는 계기로 작용하는 것이다.

그렇다. 우리가 만남을 통하여 관계를 맺을 때 '나와 너'의 관계는 결코 일방적일 수가 없으며 상호작용의 그물 안에서 서로가 서로를 대상화하지 않고 진정한 주체로 인정할 때만 참된 교감을 이룰 수 있는 것이다. 마르틴 부버가 대화의 가장 중요한 요소를 '사랑'이라고 한 연유이다.

그래서 강은미는 오래 묵혀둔 옷장을 열어 "사랑의/ 몸부림 끝에/ 깊어가는 곰팡내"(「옷장」)를 재삼 확인하게 된다. 그것은 어쩌면 존재를 가둬두는 '늪'일 수도 있지만, 궁극적으로는 자신의 존재를 긍정하고 사랑하는 일이다. 정녕 사랑한다면 그러한 과정이 "뼈 속에 사리를 찾는 일"(「사랑의 일」)처럼 어렵고 고될지라도 기필코 완성시켜야 할 "마지막 사랑"(「봉숭아 물들이기」)을 저버릴 수는 없는 것이다. "누군가 사랑하는 일은 잔물결의 파문 같"(「행기소 가는 길」)이 스며드는 것이며, 그것은 봉숭아 물들이기처럼 "혼자서는 할 수 없는 일"(「봉숭아 물들이기」)이다.

> 이상하게 죽은 자의 말이 아름다운 건/ 산 자를 정성스럽게 물들이기 때문일 것이다// 햇살에 병들고 바람에 짓이겨진 것이/ 손톱 위에 얹혀져/ 노랗다가 붉어진다/ 물들이는 일은 혼자서는 할 수 없는 일이기에/ 둘이서 사이좋게 싸매주고 쳐매주고/ 조금은 침묵의 시간이 필요하다// 나이 든 자가 차를 끓인다/ 마른 잎은 푸르렀다가 온몸을 열며/ 천천히 연약한 자에게로 흐른다/ 리듬을 잃은 거북목 지나/ 낡은 구두굽처럼 비뚤어진 엉치/ 우묵배미 같은 발꿈치를 돌고 돌아/ 정수리 끝이 환해지면/ 말씨는 부드러워지고/ 열 손가락은 발랄해진다// 더 이상 기다리지 않아도 되는 시간/ 삶에 덧대어진 상처를 풀어헤치고/ 마지막 풀향기를 코에 갖다 대면/ 나의 마지막 사랑은 완성된다/ 영원할 것 같지만/ 이쯤에서 끝내도 좋을 듯한/ 끝나지 않은 여름
>
> — 「**봉숭아 물들이기**」 전문

아하, 그러니까 알겠다. 서두의 여는 시에서 '푸른

자궁'은 은어가 산란하기 위해서 바다에서 자신이 태어난 강물로 거슬러 오르듯이 '고향' 또는 '어머니'로 표상되는 시원으로의 귀환을 의미하는 것이 아니겠는가. 그 본질적 귀환을 통해 우리는 서로를 "정성스럽게 물들이는" 참된 영혼의 사랑을 깨우치게 되는 것이다. 다시 한번 강조하면 강은미의 시간여행은 단순한 추억여행이 아니라 자아가 세계와의 마주침 속에서 얻은 상처로 인한 부정성의 '독'을 직시하고 자기반성과 성찰을 거쳐 관계의 존재를 껴안음으로써 다시 영혼의 사랑을 되찾기 위한 시원으로의 기억여행인 것이다.

흐린 날의 춤

2025년 11월 20일 초판 1쇄 발행

지은이　강은미
펴낸이　김영훈
편집인　김지희
디자인　김영훈
편집부　이은아, 부건영
펴낸곳　한그루
　　　　출판등록 제651-2008-000003호
　　　　제주특별자치도 제주시 복지로1길 21
　　　　전화 064 723 7580　전송 064 753 7580
　　　　전자우편 onetreebook@daum.net　누리방 onetreebook.com

ISBN 979-11-6867-248-2 (03810)

ⓒ 강은미, 2025

저작권법에 따라 보호를 받는 저작물입니다.
어떤 형태로든 저자 허락과 출판사 동의 없이 무단 전재와 복제를 금합니다.
잘못된 책은 구입하신 곳에서 교환해 드립니다.

이 책은 제주특별자치도와 제주문화예술재단의
2025년 제주문화예술재단 지원사업 후원을 받아 발간되었습니다.

값 10,000원